Ideia, Teoria, Emoção, Desejo

Frederick Amrine

Para Mary Emery

Rudolf Steiner

O relato de Rudolf Steiner sobre "a evolução da consciência" é certamente um dos maiores feitos da história intelectual. Plenamente compreendida e assimilada, provocaria uma mudança de paradigma tão fundamental e consequente para as humanidades e as ciências sociais históricas quanto a Teoria da Relatividade foi para a física. Em oposição à história intelectual convencional, na qual umas sucessões de ideias subjetivas são vistas como habitando estruturas epistemológicas supostamente constantes, Steiner argumentou que a própria estrutura da consciência humana evoluiu. Ele viu essa estrutura em mudança como o principal contribuinte para a sucessão de diferentes paradigmas ou mentalidades.

Como outras grandes ideias, "a evolução da consciência" é simples em si mesma, mas vasta nas suas consequências e complexa na sua realização. Steiner desdobra-o em muitas centenas de passagens em dezenas de livros e ciclos de palestras. O grande serviço de Owen Barfield foi ter entendido o relato de Steiner tão completamente, e tê-lo exposto tão elegantemente em Saving the Appearances (1957).[1] Barfield seria o guia ideal por este novo mundo, mas Saving the Appearances já é extremamente denso, resistente ao resumo. Em vez disso, eu gostaria de transmitir o conceito principal da evolução da consciência através do meu próprio experimento mental no espírito de Barfield.

---

[1] Londres: Faber, 1957; rpt. 2nd edn Middletown, CT: Wesleyan UP, 1988 [*StA*]. De facto, foi Barfield, e não o próprio Steiner, quem cunhou o termo "evolução da consciência".

Owen Barfield

Considere as etimologias das quatro palavras inglesas comuns no meu título, duas das quais ("ideia" e "teoria") referem-se ao pensamento, uma ao sentimento ("emoção") e uma à vontade ("desejo"). Ao traçar etimologias, voltamos no tempo, para uma consciência anterior, o que significa que a etimologia fornece perceções sobre a história da própria consciência. Barfield é o mestre reconhecido deste exercício, que ele começou já na sua primeira monografia, *Dicção Poética*, e depois prosseguiu sistematicamente em *História em Palavras Inglesas*.[2]

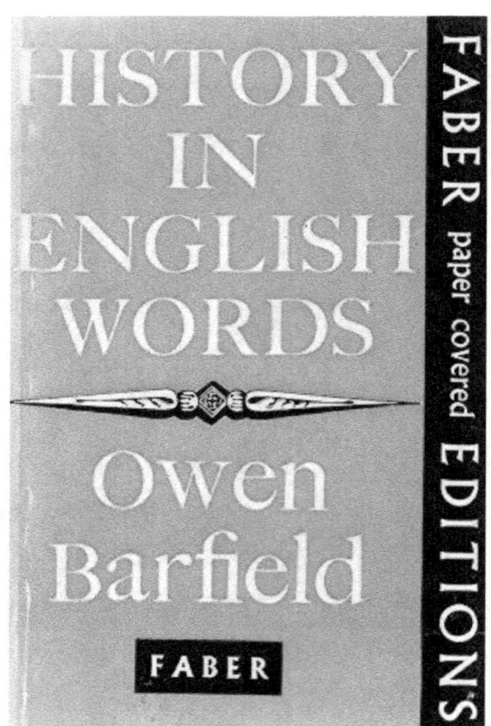

---

[2] *Dicção Poética: Um Estudo em Significado* (1928; 2ª edição revisada Middletown, CT: Wesleyan UP, 1984); *História em palavras inglesas* (1953; Great Barrington, MA: Lindesfarne Press, 1985) [HEW].

Ideia: Este é o termo de Platão. Em grego, *ideia* é gramaticalmente o particípio passado do verbo "ver". Para Platão, uma ideia é um "eu vi". Anteriormente, a palavra começava com um *digamma* ("w"), o que torna imediatamente aparente o seu parentesco com o verbo latino *video* (pronunciado "wideo"), "eu vejo"; daí Cícero traduziu o termo *espécie*s de Platão, da mesma raiz do verbo *specere*, "ver" (cf. *speculum*, "espelho") [HEW 106]. Tudo isto ajusta-se perfeitamente à metafísica de Platão: lembre-se, por exemplo, *Phaedrus 247*, onde Sócrates situa as Ideias além do Zodíaco, de onde são vistas pelos deuses e por qualquer filósofo capaz de participar de sua procissão sideral.

Teoria: *Theoria* grega e latina, visão contemplativa de um espetáculo; a raiz é a mesma da palavra "teatro".

Emoção: A primeira ocorrência em inglês (1603) descreve as "diversas emoções" dos turcos, ou seja, as suas várias migrações; outro dos primeiros listados pelo *OED* (1695) refere-se a um terramoto como uma "emoção acidental" do centro de gravidade da Terra. Antes do século XVII, "emoção" era usada para objetos materiais [*HEW* 174].

Desejo: Através do verbo latino *desiderare*, "desejo" é paralelo a "considerar" (literalmente "colocar duas estrelas juntas"), *de* (de) + *sider-* (estrela). Ambos são artefactos de paradigmas astrológicos, nos quais os motivos dos atos e eventos são "influências" (outro termo astrológico) que descem das estrelas.

Há um padrão impressionante aqui, e nos ajudará a vê-lo se listarmos as palavras verticalmente, suspendendo-as por assim dizer entre os polos de "objeto" (ou seja, coisas e eventos que se desenrolam no mundo exterior, fora do eu), e "sujeito" (ou seja, eventos privados que se desenrolam dentro das nossas próprias mentes e almas individuais):

OBJETO	ideia	SUJEITO
	teoria	
	emoção	
	desejo	

E agora o experimento mental: Onde devemos traçar a linha (o que você pode fazer imaginativamente agora) entre "sujeito" e "objeto" como acabamos de definir? Sem treinamento filosófico formal e reflexão epistemológica deliberada (o "pensamento beta" de Barfield), quase todos os habitantes do mundo moderno experimentarão ideias, teorias, emoções e desejos – pensamento, sentimento e vontade – como algo individual, privado e interior. Nós, modernos, traçamos uma linha vertical separando sujeito e objeto à esquerda de nossas quatro palavras, colocando pensamento, sentimento e vontade no lado do "sujeito" da divisão. *Mas a consciência mais antiga da qual essas palavras nasceram traça a linha à sua direita.* Ele experimenta pensar, sentir e querer não como eventos privados, individualizados e subjetivos, mas como *eventos que se desenrolam dentro do mundo maior*. Na consciência mais antiga, o pensamento, o sentimento e a vontade são experimentados como *macrocósmicos*.

Plato

Como as nossas quatro etimologias mostram, o pensamento humano, sentimento e vontade registados desde os nossos primeiros registos humanos até a alta Idade Média eram eventos macrocósmicos dos quais a mente humana individual *participa*. "Participação" aplicado à evolução da consciência é o termo de Barfield, não de Steiner, mas tem um pedigree venerável, tanto no pensamento antigo quanto no moderno. Participação (*methexis*) é a maneira de Platão explicar a predicação e todas as outras relações mentais, e é também o termo usado pelos fundadores da antropologia moderna, Lévy-Bruhl e Durkheim, para explicar estruturas "primitivas" como as do xamanismo e do totemismo. Barfield chama isso de "participação *original*" para distingui-la de um novo tipo de participação que apenas começou a emergir, começando mais ou menos com o Romantismo, após um longo eclipse da participação sentida que tanto Steiner quanto Barfield chamam, felizmente, de "consciência do espectador".

Uma vez que desenvolvemos um olho para isto, a evidência de "participação original" é tão abundante que é difícil saber o que aduzir primeiro. Um relato breve e vívido é fornecido por *Origin of Consciousness in the Breakdown of the Bicameral Mind*, de Julian Jaynes (1976).[3] Na sua tentativa de explicar a evolução biológica da consciência humana, Jaynes examina cuidadosamente a Ilíada de Homero como o registo mais antigo que pode ser interpretado de forma confiável, e suas conclusões são impressionantes:

> Em geral não há consciência na Ilíada... As palavras da Ilíada que na época posterior passam a significar coisas mentais têm significados diferentes, todos eles mais concretos. Aquiles lutará "quando o thumos no seu peito o mandar e um deus o despertar" (9:702ss.). Mas não é realmente um órgão e nem sempre localizado; um oceano furioso tem thumos [69].... Os homens ilíacos não têm vontade própria e certamente nenhuma noção de livre-arbítrio [70].

---

[3] Boston: Houghton Mifflin, 2000, pp. 67-83.

JULIAN JAYNES

THE ORIGIN OF
CONSCIOUSNESS
IN THE BREAK-
DOWN OF THE
BICAMERAL MIND

MARINER BOOKS

Julian Jaynes
1920-1997

Os personagens da Ilíada não se sentam e pensam no que fazer. Eles não têm mentes conscientes como nós dizemos que temos, e certamente nenhuma introspeção. É impossível para nós com a nossa subjetividade apreciar como era. Quando Agamenon, rei dos homens, rouba Aquiles de sua amante, é um deus que agarra Aquiles pelos cabelos louros e o avisa para não bater em Agamenon (I: 197ss.). É um deus que então se ergue do mar cinzento e o consola nas suas lágrimas de ira na praia ao lado dos seus navios negros, um deus que sussurra baixo a Helena para varrer o seu coração com saudades de casa, um deus que esconde Paris em um neblina na frente do atacante Menelau, um deus que diz a Glauco para tomar bronze por ouro (6:234ss.), um deus que lidera os exércitos na batalha, que fala com cada soldado nos pontos de virada, que debate e ensina a Heitor o que ele deve fazer, que incita os soldados ou os derrota, lançando-os em feitiços ou desenhando névoas sobre seus campos visuais. São os deuses que iniciam as brigas entre os homens (4:437ss.) que realmente causam a guerra (3:164ss.), e depois planejam sua estratégia (2:56ss.). É um deus que faz Aquiles prometer que não irá para a batalha, outro que o incita a ir, e outro que então o veste com um fogo dourado que alcança o céu e grita por sua garganta através da trincheira ensanguentada contra os troianos, despertando em eles pânico ingovernável. Na verdade, os deuses tomam o lugar da consciência. Os primórdios da ação não estão em planos, razões e motivos conscientes; eles estão nas ações e discursos dos deuses [72].

Mas, na última análise, o relato de Jaynes é redutor e decepcionante. Por não ter a compreensão de Steiner sobre a evolução da consciência, Jaynes só pode concluir que os mitos antigos eram alucinações em massa, literalmente uma espécie de esquizofrenia (daí a "mente bicameral") que afligia não apenas indivíduos, nem mesmo comunidades isoladas, mas toda a humanidade. .

Jaynes é tristemente típico: pode-se fazer uma longa lista desses livros que estão repletos de perceções individuais brilhantes, mas, no final das contas, não conseguem situá-los adequadamente em um contexto interpretativo mais amplo. É tentador reimaginar tais estudos à luz da evolução da consciência, ainda que brevemente. Jaynes é muito redutor para aviso prévio, mas vamos considerar dois outros livros influentes: *Estrutura das revoluções científicas* de Thomas Kuhn (1962),[4] e *Abstração e Empatia* de Wilhelm Worringer's (1908).[5]

---

[4] (Chicago: Imprensa da Universidade de Chicago, 2012). Esta edição do 50º aniversário contém um importante ensaio introdutório de Ian Hacking.
[5] Chicago: Dee, 1997. Muito obrigado a Jennie Cain, que me estimulou a pensar sobre a relação entre Worringer e Steiner.

The Structure of
Scientific Revolutions
Second Edition, Enlarged
Thomas S. Kuhn
"A landmark in intellectual history."
—Science

O magnífico estudo de Kuhn, que todo antropósofo deve valorizar, mudou totalmente e irrevogavelmente a maneira como pensamos sobre a ciência. O argumento principal é bem conhecido: o crescimento do conhecimento científico é tudo menos linear, muito menos o tipo de acumulação parabólica descrita nos livros introdutórios e na escrita científica popular; pelo contrário, é radicalmente descontínuo, uma série de mudanças repentinas entre "paradigmas" incomensuráveis que de repente revelam modos de ver sem precedentes, mas também fenômenos completamente novos. Por meio de uma análise cuidadosa de episódios-chave da história da ciência, Kuhn foi capaz de argumentar persuasivamente que os cientistas que trabalham sob paradigmas diferentes em algum sentido muito real "vivem em mundos diferentes". As mudanças de paradigma são precipitadas por raras crises intermitentes, e a "ciência normal" que prevalece à medida que cada paradigma se desdobra – a ciência como realmente praticada – não tem nenhuma semelhança com o estereótipo metodológico da falsificação por comparação direta com a natureza. O relato de Kuhn foi imediatamente e quase universalmente reconhecido como superior à narrativa mestra que o precedeu.

No entanto, Kuhn deixa uma série de questões preocupantes não resolvidas. Se o reducionismo não funcionar, pode haver progresso na ciência em algum sentido real? Se a história da ciência é tão descontínua que não pode ser reconstruída racionalmente, a ciência está condenada a ser governada pela subjetividade e pelo acidente histórico? Segue-se o relato de Kuhn que o progresso científico ocorre não principalmente *dentro* de paradigmas, mas *entre* eles. E são justamente esses momentos revolucionários e "extra paradigmáticos" sobre os quais Kuhn não tem nada a dizer. Em vários lugares, ele declara que a sucessão de paradigmas é "arbitrária". Steiner não apenas antecipou Kuhn de muitas maneiras importantes: ele e Barfield podem explicar muito bem por que, por exemplo, Galileu e Newton seguem Aristóteles, mas precedem a mecânica quântica. Em uma frase, é porque a "participação original" dá lugar à "consciência do espectador", que então dá lugar à "participação final" por sua vez.

Wilhelm Worringer

Em seu tratado clássico sobre a história da arte, vemos Worringer tateando em busca da ideia da evolução da consciência. Ele entende que a sucessão de paradigmas (neste caso, estilos artísticos no sentido mais amplo) é de alguma forma motivada *internamente*. Examinando a coleção etnográfica do Museu Trocadéro em Paris, Worringer de repente intuiu que a relação da humanidade com o mundo não é imutável: há uma "vontade artística" que não foi a mesma em todas as épocas [10]. Ele se desvia, no entanto, ao atribuir essa modificação na representação de mudar as respostas subjetivas, para o "sentimento das pessoas sobre o mundo", sua "atitude psíquica em relação ao cosmos" [15], não percebendo que (como exemplificado na nossa discussão sobre o *Ilíada* acima), *a própria subjetividade chega tarde à cena*. A suposta causa de Worringer é antes um efeito de algo mais fundamental: não uma reação diferente ao mesmo conjunto de fenômenos, mas um conjunto totalmente diferente de fenômenos em si. Como Steiner e Barfield ensinaram (e como Kuhn entendeu mais tarde), não são os nossos sentimentos sobre o mundo real que mudam: a representação coletiva e, portanto, a própria realidade, é o que muda.

Observando que tanto a arte primitiva quanto a moderna tendem à abstração, Worringer reescreve toda a história da arte a partir da sua nova perspetiva. Mas o esquema resultante é *exatamente inverso*: a progressão que Worringer descreve como épocas de "abstração" em ambos os lados de um mergulho no mundo "real" deve ser descrita nos termos de Steiner e Barfield como de "original" para "final" *participação*, interrompida por uma eclipsante "consciência do espectador". O que caracteriza a consciência "primitiva" não é o medo e o afastamento do mundo, mas sim (como ensinaram não apenas Steiner e Barfield, mas também Lévy-Bruhl e Durkheim), uma relação intensamente íntima de *participação*. As metáforas maravilhosas de Barfield têm a consciência medieval ainda "embutida" no mundo [StA 78] e experimentando o espaço "mais como uma roupa que os homens usavam sobre eles do que um palco em que se moviam" [StA 94]. Por outro lado, é apenas no Renascimento que a abstração e a profundidade espacial surgem como uma consciência geral: é por isso que falamos de "perspetiva renascentista".

Petrarch

Como corretivo ao relato de Worringer e como evidência reveladora da realidade da "consciência do espectador", consideremos brevemente dois episódios específicos, nenhum dos quais é aduzido por Steiner ou Barfield. Ambos são profundamente sintomáticos desta nova relação com o mundo que é precisamente o oposto da descrição de Worringer.

Como James Hillman e outros argumentaram, o Renascimento começa simbolicamente em 26 de abril de 1336 com a ascensão de Petrarca ao Monte Ventoux,[6] um evento que testemunha não apenas um novo sentido de profundidade espacial, mas também um movimento igualmente poderoso na direção oposta, para um novo sentido de interioridade humana. O próprio relato de Petrarca começa explicando suas motivações para esse ato sem precedentes[7]: a montanha chamou a sua atenção por anos porque era "visível de uma grande distância", e a sua única motivação, ele afirma, era "ver o que uma elevação tão grande tinha a oferecer". No cume, a primeira coisa que o impressiona é "a grande visão estendida diante dele". Mas essa não é a única resposta de Petrarca. Surpreendentemente, a visão leva-o a abrir as *Confissões* de Agostinho ao acaso e, em um momento de perfeita sincronicidade junguiana, o seu olhar cai imediatamente em uma passagem que descarta a beleza natural em favor do autoconhecimento. Petrarca imediatamente conclui, notoriamente, que "nada é maravilhoso, exceto a alma, que, quando grande, não encontra nada de grande fora de si mesma. Então, na

---

[6] *Re-Visioning Psychology* (New York: Harper & Row, 1975), pp. 194-98. Em *The Legitimacy of the Modern Age* (Cambridge, MA: MIT Press, 1985), Hans Blumenberg também identifica a ascensão de Petrarca como um episódio profundamente simbólico, mas não consegue dizer exatamente o que mudou. Blumenberg é um outro grande estudioso que constantemente falha porque lhe falta o conceito de evolução da consciência.

[7] Isto não é estritamente verdade: em sua própria carta, Petrarca revela que um pastor subiu a montanha 50 anos antes. O que é revelador é que a experiência perdeu-se para o pastor, que se queixa de que "não havia conseguido por causa das suas dores nada exceto fadiga e arrependimento.".

verdade, fiquei satisfeito por ter visto o suficiente da montanha; Voltei os meus olhos para dentro de mim mesmo …" Voltando para casa, o cume da montanha parece, em retrospeto, ser "apenas um côvado de altura em comparação com o alcance da contemplação humana". Pace Worringer, a ascensão de Petrarca ao Monte.

Dante

Galileo

Ventoux destaca-se porque é um sintoma tão precoce e distinto da "consciência do espectador" – da separação do mundo.

O outro evento profundamente sintomático são as palestras de Galileu sobre o Inferno de Dante (1587), nas quais ele reduz o psicodrama de Dante ao levantamento da terra: Galileu propõe calcular as dimensões físicas do Inferno. O espírito dessa nova mentalidade foi capturado perfeitamente em um ensaio do notável poeta alemão Durs Grünbein[8]: "A cada passo, o pensamento é separado da concretude – com enormes ganhos e enormes perdas de ambos os lados. A cada passo, as coisas e as suas representações mentais afastam-se mais umas das outras" [93]. A topografia qualitativa e dinâmica da alma de Dante dá lugar à pura abstração: "Galileu há muito entrou em outra ordem, uma de estase e estática... Ele se tornará o coordenador de mundos estáticos, a legalidade da Natureza obedecerá à sua vontade, um vácuo, dentro do equilíbrio de uma harmonia pré-estabelecida" [97]. "Fora com qualidades, que não podem ser controladas. Os sentidos impedem o conhecimento" [98]; "Começa a Idade de Ouro da Redução"... É também o fim da Harmonia das Esferas, das escatologias, do teatro cósmico interplanetário em grande estilo" [100-101]. As qualidades sensoriais são "secundárias", meramente subjetivas; daí Galileu assegura-nos que as chamas do inferno de Dante não podem ser realmente quentes [102].

Worringer não poderia estar mais errado sobre a arte da "participação original", e ele fundamentalmente interpreta mal o ápice da abstração na "consciência do espectador" da Renascença como uma fusão confiante da mente com a espacialidade "real". Ficamos surpresos então ao descobrir que ele entende completamente mal o afastamento da

---

[8] "Galileu mede o inferno de Dante e fica pendurado nas dimensões", em sua coleção de ensaios homônima (Suhrkamp, 1996), pp. 89-104. As traduções são minhas.

arte moderna do naturalismo como mera abstração, motivada pelo medo da realidade?

Preso na "consciência do espectador" do realismo ingênuo, Worringer não consegue começar a entender que artistas como (o aluno de Steiner!) Kandinsky começaram a cruzar o limiar da experiência espiritual real. Infelizmente, Kandinsky e outros buscadores do espiritual na arte leram Worringer e foram enganados por ele, em muitos lugares confundindo espiritualidade com abstração eles mesmos. Mas isso é um outro ensaio para outro dia.

Kandinsky